The Bicycle Adventure: Short Stories in Dutch for Beginners

Artici Bilingual Books

Published by Artici Bilingual Books, 2024.

THE BICYCLE ADVENTURE: SHORT STORIES IN DUTCH FOR BEGINNERS

First edition. April 13, 2024.

ISBN: 979-8224035557

Written by Artici Bilingual Books.

Table of Contents

Het Geheim van de Windmolen 1
The Windmill's Secret 5
Het Fietsavontuur 9
The Bicycle Adventure 13
De Geheime Tuin 17
The Secret Garden 19
Het Kaaswinkelmysterie 21
The Cheese Shop Mystery 23
Het Geheim van de Tulpenverkoper 25
The Tulip Seller's Secret 29
De Droom van de Windmolen 33
The Windmill's Dream 37
De Tulp Roadtrip 41
The Tulip Road Trip 43
De Tulpenschilderes 45
The Tulip Painter 49
Het Geheim van de Chocolade Windmolen 53
The Secret of the Chocolate Windmill 57
De Bakkerij van Dromen 61
The Bakery of Dreams 65

Het Geheim van de Windmolen

In het hart van Nederland stond een windmolen. Zijn grote houten wieken draaiden sierlijk, snijdend door de lucht met een ritmisch gezoem. Binnenin verzorgde een jongen genaamd Jan de molen, zijn handen ruw van jaren van hard werk.

Elke ochtend werd Jan wakker voor de zon, de stem van zijn vader echoënd in zijn hoofd: "Een goede molenaar staat op met de dageraad." Hij zou door de met dauw bedekte velden naar de windmolen ploegen, waar hij de dag zou doorbrengen met het malen van tarwe tot meel.

Maar Jans hart verlangde naar iets meer dan de repetitieve maling van de molenstenen. Hij droomde van avontuur, van het verkennen van verre landen voorbij de vlakke horizon van zijn vaderland.

Op een frisse herfstochtend, terwijl Jan de zeilen van de molen aan het bijstellen was, merkte hij een stuk perkament op dat vastzat in de tandwielen. Voorzichtig plukte hij het los en vouwde het open. Het papier was oud en verweerd, met vervaagde inkt die nauwelijks leesbaar was.

"Zoek de bocht van de rivier, waar de wilg huilt, en het geheim van de windmolen zal worden onthuld," stond er in het bericht.

Jans hart klopte sneller van opwinding. Zou dit het avontuur kunnen zijn waar hij naar verlangde? Zonder aarzeling stopte hij het perkament in zijn zak en ging op weg naar de rivier.

Terwijl hij liep, kon Jan het gevoel niet van zich afschudden dat hij werd bekeken. De wilgenbomen wiegden in de wind, hun lange ranken streelden het water als vingers die een geheim patroon volgden.

Uiteindelijk bereikte Jan de bocht van de rivier. Daar, verscholen tussen de wilgen, was een verborgen grot ingang. Met bevende handen duwde hij de takken opzij en stapte naar binnen.

De lucht was koel en muf, en het geluid van druppelend water weerklonk tegen de muren. Jans hart bonkte in zijn borst terwijl hij dieper de duisternis in ging.

Plotseling struikelde hij over een kleine kamer badend in zacht kaarslicht. In het midden van de kamer stond een stenen sokkel, waarop een gouden sleutel lag.

Met een gevoel van ontzag reikte Jan uit en greep de sleutel in zijn hand. Hij voelde het gewicht, de betekenis ervan.

Maar voordat hij over de betekenis kon nadenken, weerklonk er een stem door de kamer. "Je hebt de sleutel gevonden, jonge Jan," zei het. "Maar ermee komt grote verantwoordelijkheid."

Jan draaide zich om en zag een oude man in de schaduwen staan, zijn gezicht verweerd als het perkament dat hij eerder had gevonden. "Wie bent u?" vroeg Jan, zijn stem nauwelijks boven een fluistering.

"Ik ben de bewaker van het geheim van de windmolen," antwoordde de oude man. "Al generaties lang heeft mijn familie deze plaats beschermd, ervoor zorgend dat zijn kracht verborgen blijft voor degenen die het zouden misbruiken."

"En wat is dit geheim?" vroeg Jan, zijn nieuwsgierigheid geprikkeld.

De oude man glimlachte wetend. "De windmolen heeft de sleutel tot het beheersen van de elementen," legde hij uit. "Met zijn kracht zou men de wind en de regen kunnen beheersen, voorspoed brengend aan het land."

Jans gedachten raasden met mogelijkheden. Hij kon de landbouw revolutioneren, een einde maken aan honger en armoede. Maar hij wist ook dat zo'n kracht gevaarlijk kon zijn in verkeerde handen.

"Ik kan niet zomaar iedereen vertrouwen met deze kennis," ging de oude man verder. "Maar ik voel iets in jou, Jan. Een zuiverheid van hart, een gevoel van doel."

Met een plechtige knik accepteerde Jan de verantwoordelijkheid die op hem werd afgeschoven. Hij zwoer het geheim van de windmolen met zijn leven te beschermen, ervoor te zorgen dat het werd gebruikt voor het grotere goed.

En toen hij uit de grot tevoorschijn kwam, de zon laag aan de horizon, wist Jan dat zijn leven nooit meer hetzelfde zou zijn. Hij was niet langer alleen de zoon van een molenaar - hij was de bewaker van een erfenis, de hoeder van het geheim van de windmolen.

3

The Windmill's Secret

In the heart of the Netherlands, there stood a windmill. Its large wooden blades spun gracefully, slicing through the air with a rhythmic hum. Inside, a young boy named Jan tended to the mill, his hands rough from years of hard work.

Each morning, Jan woke before the sun, his father's voice echoing in his mind, "A good miller rises with the dawn." He would trudge through the dew-covered fields to the windmill, where he would spend the day grinding wheat into flour.

But Jan's heart longed for something more than the repetitive grind of the millstones. He dreamed of adventure, of exploring distant lands beyond the flat horizon of his homeland.

One crisp autumn morning, as Jan was adjusting the mill's sails, he noticed a piece of parchment caught in the gears. Carefully, he plucked it free and unfurled it. The paper was old and weathered, with faded ink that was barely legible.

"Seek ye the river's bend, where the willow weeps, and the secret of the windmill shall be revealed," the message read.

Jan's heart quickened with excitement. Could this be the adventure he had been yearning for? Without hesitation, he tucked the parchment into his pocket and set off towards the river.

As he walked, Jan couldn't shake the feeling that he was being watched. The willow trees swayed in the breeze, their long tendrils brushing against the water like fingers tracing a secret pattern.

At last, Jan reached the river's bend. There, nestled among the willows, was a hidden cave entrance. With trembling hands, he pushed aside the branches and stepped inside.

The air was cool and musty, and the sound of dripping water echoed off the walls. Jan's heart pounded in his chest as he ventured deeper into the darkness.

Suddenly, he stumbled upon a small chamber bathed in soft candlelight. In the center of the room stood a stone pedestal, upon which rested a golden key.

With a sense of awe, Jan reached out and grasped the key in his hand. He could feel its weight, its significance.

But before he could ponder its meaning, a voice echoed through the chamber. "You have found the key, young Jan," it said. "But with it comes great responsibility."

Jan turned to see an old man standing in the shadows, his face weathered like the parchment he had found earlier. "Who are you?" Jan asked, his voice barely above a whisper.

"I am the guardian of the windmill's secret," the old man replied. "For generations, my family has protected this place, ensuring that its power remains hidden from those who would misuse it."

"And what is this secret?" Jan asked, his curiosity piqued.

The old man smiled knowingly. "The windmill holds the key to controlling the elements," he explained. "With its power, one could harness the wind and the rain, bringing prosperity to the land."

Jan's mind raced with possibilities. He could revolutionize farming, bring an end to hunger and poverty. But he also knew that such power could be dangerous in the wrong hands.

"I cannot trust just anyone with this knowledge," the old man continued. "But I sense something in you, Jan. A purity of heart, a sense of purpose."

With a solemn nod, Jan accepted the responsibility thrust upon him. He vowed to protect the windmill's secret with his life, to ensure that it was used for the greater good.

And as he emerged from the cave, the sun sinking low on the horizon, Jan knew that his life would never be the same. He was no longer just a miller's son – he was the guardian of a legacy, a keeper of the windmill's secret.

Het Fietsavontuur

In een gezellig klein dorpje in Nederland woonde een jongen genaamd Tim. Tim hield meer van twee dingen dan van wat dan ook ter wereld: zijn huisdier konijn, Moos, en zijn trouwe fiets, Bella.

Bella was niet zomaar een gewone fiets. Ze was Tims trouwe metgezel, zijn partner in crime, en zijn ticket naar avontuur. Samen zouden ze elke hoek en elk gaatje van hun pittoreske dorp verkennen, van de tulpenvelden tot de molen bij de rivier.

Op een zonnige ochtend werd Tim wakker met een twinkeling in zijn ogen. Hij had een idee in zijn hoofd, een avontuur dat stond te gebeuren.

"Vandaag gaan we op een groot fietsavontuur, Moos!" riep hij uit, terwijl hij zijn harige vriend oppakte en hem in het mandje aan Bella's stuur plaatste.

Met een hup en een sprong stapte Tim op zijn fiets en peddelde de ochtendzon tegemoet. De wind speelde met zijn haar terwijl hij langs de kasseienstraatjes zoefde, de oren van Moos wapperend in de wind.

Hun eerste stop was de dorpsmarkt, waar kraampjes overvol waren met verse vruchten, kleurrijke bloemen en heerlijke lekkernijen. Tim stapte van zijn fiets af en bond Bella vast aan een nabije lantaarnpaal, ervoor zorgend dat Moos comfortabel in het mandje zat.

"Blijf hier, Moos. Ik ben zo terug met wat wortels voor jou," zei Tim, terwijl hij zijn konijn geruststellend over zijn hoofd aaide.

Maar terwijl Tim verdween in de drukte, werd Moos onrustig. Hij wurmde zich uit het mandje en hupte op de grond, vastbesloten om de markt op eigen houtje te verkennen.

Ondertussen was Tim druk bezig met het selecteren van de sappigste wortels die hij kon vinden toen hij merkte dat Moos nergens te bekennen was. Paniek overspoelde hem terwijl hij wanhopig de markt doorzocht, zijn huisdier roepend.

Net toen hij de hoop bijna op wilde geven, zag hij een vertrouwd paar hangoren uitsteken van achter een stapel sinaasappels. "Moos, daar ben je!" riep Tim uit, zijn eigenwijze konijn oppakkend en hem stevig knuffelend.

Met Moos weer veilig in het mandje, ging Tim verder met winkelen, ervoor zorgend dat hij zijn ondeugende huisdier goed in de gaten hield. Al snel had hij alles verzameld wat ze nodig hadden voor hun avontuur: wortels voor Moos, een picknick voor zichzelf, en een kaart van het dorp in zijn zak.

Hun volgende stop was het dorpsplein, waar 's nachts een kleurrijke kermis was opgedoken. De lucht was gevuld met de geur van suikerspin en popcorn, en het geluid van gelach weerklonk tegen de kasseien muren. Tims ogen lichtten op van opwinding toen hij het reuzenrad boven de menigte uit zag torenen. "Kom op, Moos! Laten we een ritje maken," riep hij uit, met vernieuwde energie naar de kermis peddelend.

Maar toen ze bij het loket kwamen, realiseerde Tim zich dat hij zijn portemonnee thuis had laten liggen. Met een teleurgestelde zucht draaide hij zich om om terug te gaan, alleen om te ontdekken dat Moos weer verdwenen was.

In paniek zocht Tim hoog en laag naar zijn geliefde konijn, aan iedereen die hij tegenkwam vragend of ze een hangoren konijn hadden zien huppen. Maar toen de zon begon onder te gaan en de kermislichten aangingen, was er nog steeds geen spoor van Moos te bekennen.

Net toen Tim de hoop bijna had opgegeven, hoorde hij een vertrouwde stem zijn naam roepen. Hij draaide zich om en zag Moos op de schouder van een vriendelijk ogende oude dame zitten, die een kleine portemonnee in haar hand hield.

"Ik geloof dat dit van jou is, jongeman," zei de oude dame met een glimlach, Tim zijn portemonnee overhandigend.

Tranen van opluchting welden op in Tims ogen terwijl hij de oude dame bedankte en Moos in zijn armen nam. "Je hebt me echt bezorgd gemaakt, Moos," zei hij, zijn konijn voorzichtig knuffelend.

Met Moos weer veilig in het mandje, realiseerde Tim zich dat hun avontuur niet ging over fancy attracties of drukke markten - het ging over de band tussen een jongen en zijn huisdier, en de liefde die elk obstakel kon overwinnen.

Terwijl ze onder de sterrenhemel naar huis fietsten, deed Tim een stille belofte om Moos nooit meer uit het oog te verliezen. Immers, de grootste avonturen waren degene die ze samen deelden, zij aan zij, op de rug van een betrouwbare fiets genaamd Bella.

The Bicycle Adventure

In a cozy little village in the Netherlands, there lived a boy named Tim. Tim loved two things more than anything else in the world: his pet rabbit, Moos, and his trusty bicycle, Bella.

Bella wasn't just any ordinary bicycle. She was Tim's faithful companion, his partner in crime, and his ticket to adventure. Together, they would explore every nook and cranny of their picturesque village, from the tulip fields to the windmill by the river.

One sunny morning, Tim woke up with a twinkle in his eye. He had an idea brewing in his mind, an adventure waiting to happen. "Today, we're going on a grand bicycle adventure, Moos!" he exclaimed, scooping up his furry friend and placing him in the basket attached to Bella's handlebars.

With a hop and a skip, Tim mounted his bicycle and pedaled off into the morning sunshine. The wind tousled his hair as he zoomed down the cobblestone streets, Moos's ears flapping in the breeze.

Their first stop was the village market, where stalls overflowed with fresh fruits, colorful flowers, and delicious treats. Tim hopped off his bicycle and tied Bella to a nearby lamppost, making sure Moos was comfortable in the basket.

"Stay here, Moos. I'll be right back with some carrots for you," Tim said, giving his rabbit a reassuring pat on the head.

But as Tim disappeared into the bustling crowd, Moos grew restless. He wiggled out of the basket and hopped onto the ground, determined to explore the market on his own.

Meanwhile, Tim was busy selecting the juiciest carrots he could find when he noticed Moos was nowhere to be seen. Panic surged through him as he frantically searched the market, calling out his pet's name.

Just as he was about to give up hope, he spotted a familiar pair of floppy ears poking out from behind a pile of oranges. "Moos, there you are!" Tim exclaimed, scooping up his wayward rabbit and hugging him tightly. With Moos safely back in the basket, Tim resumed his shopping, making sure to keep a close eye on his mischievous pet. Soon, he had gathered everything they needed for their adventure: carrots for Moos, a picnic for himself, and a map of the village tucked into his pocket.

Their next stop was the village square, where a colorful carnival had sprung up overnight. The air was filled with the scent of cotton candy and popcorn, and the sound of laughter echoed off the cobblestone walls.

Tim's eyes lit up with excitement as he spotted the Ferris wheel towering above the crowd. "Come on, Moos! Let's go for a ride," he exclaimed, pedaling towards the carnival with renewed vigor.

But as they approached the ticket booth, Tim realized he had left his wallet at home. With a disappointed sigh, he turned to head back, only to find that Moos had disappeared once again.

Frantic, Tim searched high and low for his beloved rabbit, asking everyone he met if they had seen a floppy-eared bunny hopping around. But as the sun began to set and the carnival lights flickered to life, there was still no sign of Moos.

Just as Tim was about to give up hope, he heard a familiar voice calling his name. He turned to see Moos perched on the shoulder of a kind-looking old lady, who was holding out a small wallet in her hand.

"I believe this belongs to you, young man," the old lady said with a smile, handing Tim his wallet.

Tears of relief welled up in Tim's eyes as he thanked the old lady and scooped Moos into his arms. "You really had me worried there, Moos," he said, giving his rabbit a gentle squeeze.

With Moos safely back in the basket, Tim realized that their adventure wasn't about fancy rides or crowded markets – it was about the bond between a boy and his pet, and the love that could overcome any obstacle.

As they pedaled home beneath the starry sky, Tim made a silent vow to never let Moos out of his sight again. After all, the greatest adventures were the ones they shared together, side by side, on the back of a trusty bicycle named Bella.

De Geheime Tuin

In een schilderachtig dorpje, verscholen te midden van het weelderige groene platteland van Nederland, was er een geheimzinnige tuin die geheimen fluisterde naar degenen die durfden te luisteren. Deze tuin behoorde toe aan een klein meisje genaamd Anna, die er elke dag met liefde en zorg voor zorgde.

Anna's tuin was een magische plek, gevuld met levendige bloemen, kronkelende paden en verborgen hoekjes waar ze kon ontsnappen aan de drukte van het dorpsleven. Maar de ware magie van de tuin lag in haar vermogen om mensen samen te brengen, om gebroken harten te helen en nieuwe vriendschappen te smeden.

Op een zonnige ochtend, terwijl Anna haar geliefde bloemen water gaf, hoorde ze zacht gesnik van achter de hoge heggen die haar tuin omringden. Nieuwsgierig volgde ze het geluid tot ze struikelde over een jongen die alleen op een stenen bank zat, tranen stroomden over zijn wangen.

"Is alles goed?" vroeg Anna, haar stem zo zacht als een zomerbries.

De jongen keek op, verrast om Anna voor zich te zien staan. "Het gaat wel," mompelde hij, zijn tranen wegvegend met de rug van zijn hand.

Maar Anna kon door zijn façade heen kijken. Ze kon de pijn in zijn ogen zien, de eenzaamheid die zwaar op zijn jonge hart drukte. Zonder aarzeling nam ze naast hem plaats en bood hem een troostende glimlach.

"Je kunt me vertellen als er iets aan de hand is," zei Anna zachtjes. "Ik beloof dat ik je niet zal veroordelen."

De jongen aarzelde een moment, zijn blik gefixeerd op de grond. Maar toen, alsof hij niet kon weerstaan aan de aantrekkingskracht van Anna's vriendelijkheid, begon hij zijn problemen te uiten.

"Mijn familie is net hier naartoe verhuisd vanuit de stad," legde de jongen uit. "Ik ken niemand en ik mis mijn vrienden vreselijk. Ik dacht dat verhuizen naar het platteland een avontuur zou zijn, maar ik voel me alleen maar verloren."

Anna luisterde aandachtig, haar hart deed pijn vanwege de eenzaamheid van de jongen. Ze wist precies hoe hij zich voelde - ze had zich net zo gevoeld toen haar familie voor het eerst naar het dorp verhuisde.

Maar toen begon er een idee in Anna's hoofd te vormen. Een idee dat niet alleen de jongen zou helpen zich minder alleen te voelen, maar dat ook nieuw leven zou brengen in haar geliefde tuin.

"Wil je me helpen met het verzorgen van de tuin?" vroeg Anna, haar ogen fonkelend van opwinding. "Ik kan wel een extra paar handen gebruiken, en ik denk dat het wonderen zal doen voor je humeur."

De jongen aarzelde een moment, onzeker of hij klaar was om zijn hart te openen voor een vreemdeling. Maar toen keek hij in Anna's ogen, en hij zag iets daarin - iets warms en uitnodigends, iets dat hem het gevoel gaf dat hij erbij hoorde.

"Oké," zei hij met een verlegen glimlach. "Dat zou ik leuk vinden."

En zo brachten Anna en de jongen de rest van de dag zij aan zij door in de tuin, nieuwe bloemen plantend, overwoekerde struiken snoeiend, en de draden wevend van een vriendschap die een leven lang zou duren.

Terwijl ze werkten, begon het verdriet van de jongen te vervagen, vervangen door een gevoel van vreugde en verbondenheid dat hij nooit eerder had gekend. En tegen de tijd dat de zon onder de horizon zakte, lange schaduwen over de tuin wierp, wist hij dat hij een thuis had gevonden - niet alleen in het dorp, maar in Anna's hart.

En terwijl Anna en de jongen samen op de stenen bank zaten, kijkend hoe vuurvliegjes dansten tussen de bloemen, wisten ze dat ze het ware geheim van de tuin hadden ontdekt - dat in de omhelzing van vriendschap, zelfs het eenzaamste hart vrede kon vinden.

The Secret Garden

In a quaint village nestled amidst the lush green countryside of the Netherlands, there was a mysterious garden that whispered secrets to those who dared to listen. This garden belonged to a little girl named Anna, who tended to it with love and care every day.

Anna's garden was a magical place, filled with vibrant flowers, winding pathways, and hidden nooks where she could escape from the hustle and bustle of village life. But the true magic of the garden lay in its ability to bring people together, to mend broken hearts and forge new friendships.

One sunny morning, as Anna was watering her beloved flowers, she heard a soft sobbing coming from behind the tall hedges that surrounded her garden. Curious, she followed the sound until she stumbled upon a young boy sitting alone on a stone bench, tears streaming down his cheeks.

"Are you okay?" Anna asked, her voice gentle as a summer breeze.

The boy looked up, startled to see Anna standing before him. "I'm fine," he mumbled, wiping away his tears with the back of his hand.

But Anna could see through his facade. She could see the pain in his eyes, the loneliness that weighed heavy on his young heart. Without hesitation, she took a seat beside him and offered him a comforting smile.

"You can tell me if something's wrong," Anna said softly. "I promise I won't judge you."

The boy hesitated for a moment, his gaze fixed on the ground. But then, as if unable to resist the pull of Anna's kindness, he began to pour out his troubles.

"My family just moved here from the city," the boy explained. "I don't know anyone, and I miss my friends terribly. I thought moving to the countryside would be an adventure, but all I feel is lost."

Anna listened intently, her heart aching for the boy's loneliness. She knew exactly how he felt – she had felt the same way when her family first moved to the village.

But then, an idea began to form in Anna's mind. An idea that would not only help the boy feel less alone but would also bring new life to her beloved garden.

"Would you like to help me tend to the garden?" Anna asked, her eyes sparkling with excitement. "I could use an extra pair of hands, and I think it would do wonders for your spirits."

The boy hesitated for a moment, unsure if he was ready to open his heart to a stranger. But then he looked into Anna's eyes, and he saw something there – something warm and inviting, something that made him feel like he belonged.

"Okay," he said with a shy smile. "I'd like that."

And so, Anna and the boy spent the rest of the day working side by side in the garden, planting new flowers, trimming overgrown bushes, and weaving together the threads of a friendship that would last a lifetime.

As they worked, the boy's sadness began to lift, replaced by a sense of joy and belonging that he had never known before. And by the time the sun dipped below the horizon, casting long shadows across the garden, he knew that he had found a home – not just in the village, but in Anna's heart.

And as Anna and the boy sat together on the stone bench, watching fireflies dance among the flowers, they knew that they had discovered the true secret of the garden – that in the embrace of friendship, even the loneliest heart could find peace.

Het Kaaswinkelmysterie

In de schilderachtige stad Gouda, verscholen in het hart van Nederland, was er een schilderachtige kleine kaaswinkel die de trots en vreugde van de gemeenschap was. De winkel, toepasselijk genaamd "Het Goudse Wiel", was beroemd om zijn verrukkelijke selectie kazen, van romige Gouda tot pittige Edam.

De eigenaar van Het Goudse Wiel was een goedhartige vrouw genaamd Ingrid, die de winkel van haar ouders had geërfd. Ingrid hield niets liever dan haar dagen achter de toonbank door te brengen, kletsend met klanten en haar passie voor kaas te delen.

Op een zonnige ochtend, terwijl Ingrid een display van oude Gouda aan het inrichten was, merkte ze iets opmerkelijks op - een wig van kaas ontbrak op de plank. Verward keek ze rond in de winkel, zich afvragend of ze deze verkeerd had geplaatst.

Maar terwijl ze de kamer scande, merkte ze dat er ook verschillende andere kazen ontbraken - niet alleen Gouda, maar ook Edam, Maasdam en zelfs de geprezen Leidse kaas die ze had geïmporteerd van een nabijgelegen boerderij.

Frumpend liep Ingrid naar de voorkant van de winkel en keek de straat op. Daar zag ze een groep kinderen ondeugend giechelen terwijl ze haastig wegliepen, hun zakken uitpuilend van gestolen kaas.

Vastbesloten om het mysterie te ontrafelen, zette Ingrid de achtervolging in op de kaasdiefjes, haar schort wapperend in de wind terwijl ze de kinderkopjes van Gouda afrende.

Toen ze een hoek omsloeg, zag ze de kinderen verdwijnen in een steegje, hun gelach weerkaatste tegen de oude bakstenen muren. Zonder aarzeling volgde Ingrid hen, haar hart bonzend van woede en nieuwsgierigheid.

Maar toen ze het einde van het steegje bereikte, stond ze oog in oog met een gesloten deur, waarachter de kinderen waren verdwenen. Gefrustreerd bonkte Ingrid met haar vuist tegen de deur, eisend dat ze de gestolen kaas onmiddellijk teruggeven.

Tot haar verbazing zwaaide de deur open, waardoor een slecht verlichte ruimte gevuld met kratten kaas van vloer tot plafond zichtbaar werd. En in het midden van de kamer stond een kleine jongen met een schuldige uitdrukking op zijn gezicht, zijn handen omklemde een stuk Gouda.

"Het spijt me, mevrouw Ingrid," stamelde de jongen, zijn ogen neergeslagen. "We bedoelden niet om de kaas te stelen. We hadden gewoon honger en we hadden geen geld om eten te kopen."

Ingrid's hart verzachtte toen ze naar de jongen keek, en besefte dat hij en zijn vrienden geen dieven waren van nature, maar gewoon kinderen in nood. Zonder een tweede gedachte knielde ze naast hem neer en bood hem een warme glimlach aan.

"Het is goed, mijn beste," zei ze zachtjes. "Niemand zou ooit honger moeten lijden, vooral niet in mijn winkel. Kom, laten we de kaas verzamelen en ik zal jullie allemaal een heerlijke lunch maken."

En dus bracht Ingrid de rest van de dag door met het bereiden van een feestmaal voor de kinderen, waarbij ze de gestolen kaas gebruikte om een stevige pot kaassoep te maken. Terwijl ze rond de tafel zaten, lachend en verhalen delend, wist Ingrid dat ze de juiste beslissing had genomen.

The Cheese Shop Mystery

In the picturesque city of Gouda, nestled in the heart of the Netherlands, there was a quaint little cheese shop that was the pride and joy of the community. The shop, aptly named "The Gouda Wheel," was famous for its delectable selection of cheeses, from creamy Gouda to tangy Edam.

The owner of The Gouda Wheel was a kind-hearted woman named Ingrid, who had inherited the shop from her parents. Ingrid loved nothing more than to spend her days behind the counter, chatting with customers and sharing her passion for cheese.

One sunny morning, as Ingrid was arranging a display of aged Gouda, she noticed something peculiar – a wedge of cheese was missing from the shelf. Confused, she glanced around the shop, wondering if she had misplaced it.

But as she scanned the room, she noticed that several other cheeses were missing as well – not just Gouda, but Edam, Maasdam, and even the prized Leiden cheese that she had imported from a nearby farm.

Frowning, Ingrid made her way to the front of the shop and peered out onto the street. There, she spotted a group of children giggling mischievously as they hurried away, their pockets bulging with stolen cheese.

Determined to get to the bottom of the mystery, Ingrid set off in pursuit of the cheese thieves, her apron flapping in the wind as she raced down the cobblestone streets of Gouda.

As she rounded a corner, she caught sight of the children disappearing into an alleyway, their laughter echoing off the ancient brick walls. Without hesitation, Ingrid followed them, her heart pounding with a mixture of anger and curiosity.

But when she reached the end of the alley, she found herself face to face with a locked door, behind which the children had vanished. Frustrated,

Ingrid banged her fist against the door, demanding that they return the stolen cheese at once.

To her surprise, the door swung open, revealing a dimly lit room filled with crates of cheese stacked floor to ceiling. And standing in the center of the room was a small boy with a guilty expression on his face, his hands clutching a wedge of Gouda.

"I'm sorry, Miss Ingrid," the boy stammered, his eyes downcast. "We didn't mean to steal the cheese. We were just hungry, and we didn't have any money to buy food."

Ingrid's heart softened as she looked at the boy, realizing that he and his friends were not thieves by nature, but simply children in need. Without a second thought, she knelt down beside him and offered him a warm smile.

"It's alright, my dear," she said gently. "No one should ever have to go hungry, especially not in my shop. Come, let's gather up the cheese and I'll make you all a delicious lunch."

And so, Ingrid spent the rest of the day cooking up a feast for the children, using the stolen cheese to make a hearty pot of cheese soup. As they sat around the table, laughing and sharing stories, Ingrid knew that she had made the right decision.

Het Geheim van de Tulpenverkoper

In het schilderachtige stadje Amsterdam, waar smalle straatjes zich slingerden langs pittoreske grachten, woonde een eenvoudige tulpenverkoper genaamd Hans. Hans was een eenvoudige man, met door weer en wind getekende handen en een vriendelijke glimlach, die zijn dagen doorbracht met het verzorgen van zijn geliefde tulpen tuin en het verkopen van zijn kleurrijke bloemen aan toeristen en locals alike.

Maar onder zijn vriendelijke uiterlijk, koesterde Hans een geheim - een geheim dat generaties lang in zijn familie was doorgegeven, een geheim waarvan hij gezworen had het te beschermen tegen elke prijs.

Het was een kille herfstavond toen een vreemdeling in Amsterdam arriveerde, zijn ogen glinsterend van nieuwsgierigheid terwijl hij door de straten van kinderkopjes dwaalde. Hans zag hem van verre, zijn zintuigen tintelden van ongemak terwijl hij de man zijn bescheiden kraam zag naderen.

"Goedenavond, meneer," zei de vreemdeling met een beleefde knik. "Ik kon het niet helpen uw mooie tulpen op te merken. Vindt u het erg als ik ze van dichtbij bekijk?"

Hans aarzelde een moment, zijn hand instinctief reikend naar het kleine zakje dat aan zijn riem hing - het zakje dat de sleutel tot het geheim van zijn familie bevatte. Maar toen herinnerde hij zichzelf eraan dat de vreemdeling slechts een onschuldige toerist was, zonder enig idee van de schat die verborgen lag onder de oppervlakte van Hans' eenvoudige leven.

"Natuurlijk, meneer," antwoordde Hans met een vriendelijke glimlach. "Alstublieft, voel u vrij om te kijken."

Terwijl de vreemdeling de kleurrijke reeks tulpen bekeek, vielen zijn ogen op een bijzonder zeldzaam exemplaar - een tulp met bloemblaadjes zo donker als de nacht en een geur die zowel bedwelmend als mysterieus was.

"Deze tulp is werkelijk prachtig," merkte de vreemdeling op, zijn stem vervuld van bewondering. "Ik heb nog nooit zoiets gezien."

Hans' hart sloeg een slag over terwijl hij toekeek hoe de vreemdeling zijn hand uitstrekte om de bloem aan te raken, zijn vingers die op de fluweelzachte bloemblaadjes rustten. Hij wist dat hij snel moest handelen om het geheim van zijn familie te beschermen, maar hij wist ook dat hij geen risico kon nemen om de aandacht op zichzelf te vestigen in de drukke markt.

"Ah, ja, die tulp is een bijzonder ras," zei Hans, zijn stem standvastig ondanks de onrust die binnenin hem woedde. "Maar hij is niet te koop, vrees ik. Het is een familie-erfstuk, doorgegeven door generaties heen."

De wenkbrauwen van de vreemdeling fronsten teleurgesteld, maar hij knikte begrijpend. "Ik begrijp het. Nou, bedankt dat u hem met mij wilde delen, desondanks."

Met dat nam de vreemdeling afscheid van Hans en verdween in de menigte mensen, liet Hans alleen achter met zijn gedachten en zijn geheim.

Terwijl de nacht over Amsterdam viel, begaf Hans zich naar huis, naar zijn bescheiden huisje aan de rand van de stad. Maar toen hij bij zijn voordeur kwam, merkte hij iets op uit zijn ooghoek - een schimmige figuur die in de schaduwen loerde.

Instinctief greep Hans naar het zakje aan zijn riem, zijn vingers sloten zich om het koele metaal van de sleutel binnenin. Hij wist dat hij voorzichtig moest zijn - wie er buiten zijn huisje rondsluipen zou een bedreiging kunnen vormen voor het erfgoed van zijn familie.

Met een stille gebed ontgrendelde Hans de deur en stapte naar binnen, zijn zintuigen op scherp. Maar tot zijn verrassing volgde de indringer hem niet naar binnen. In plaats daarvan bleven ze buiten, kijkend en wachtend in het duister.

Urenlang zat Hans in zijn huisje, zijn gedachten racend over de vreemdeling en zijn mysterieuze interesse in de zeldzame zwarte tulp. Hij wist dat hij niet mocht toestaan dat iemand de waarheid ontdekte - dat de zwarte tulp niet zomaar een bloem was, maar een sleutel tot het ontsluiten van een geheim dat de loop van de geschiedenis kon veranderen.

Maar toen de dageraad over Amsterdam brak en de eerste zonnestralen door het raam piepten, nam Hans een beslissing. Hij zou niet langer voor de waarheid wegrennen. Hij zou de vreemdeling confronteren en het erfgoed van zijn familie tegen elke prijs beschermen.

Met vastberadenheid in zijn hart begaf Hans zich naar het stadsplein, waar hij wist dat hij de vreemdeling zou vinden. En zeker genoeg, daar was hij, opnieuw bewonderend naar de tulpen kijkend met een blik van verlangen in zijn ogen.

"Meneer," zei Hans, zijn stem standvastig ondanks de zenuwen die in zijn maag woelden. "Ik moet u vragen Amsterdam onmiddellijk te verlaten. U hebt hier niets te zoeken."

De vreemdeling draaide zich om naar Hans, zijn uitdrukking een van verrassing en verwarring. "Ik begrijp het niet," zei hij. "Wat heb ik gedaan om zo'n vijandigheid te rechtvaardigen?"

Hans haalde diep adem en stelde zichzelf voor wat hij zojuist zou onthullen. "Die zwarte tulp die u gisteren bewonderde - het is meer dan alleen een bloem," zei hij plechtig. "Het is een sleutel tot een geheim dat al eeuwenlang verborgen is - een geheim dat de wereld zoals we die kennen zou kunnen veranderen."

De ogen van de vreemdeling werden groot van verbazing terwijl hij naar de woorden van Hans luisterde, zijn geest draaide door de implicaties van wat hij zojuist had gehoord. "Wat voor soort geheim?" vroeg hij, zijn stem nauwelijks boven een fluistering.

Hans aarzelde een moment, zijn blik gericht op het gezicht van de vreemdeling. Maar toen nam hij een beslissing - een beslissing om deze man met de waarheid te vertrouwen, in de hoop dat hij het belang van het beschermen ervan zou begrijpen.

"De zwarte tulp is een symbool van een geheime samenleving die al sinds het begin der tijden bestaat," legde Hans uit. "Een samenleving gewijd aan het behouden van de machtsbalans in de wereld, om ervoor te zorgen dat geen enkel persoon of groep te veel invloed kan uitoefenen op anderen."

De vreemdeling luisterde aandachtig terwijl Hans de geschiedenis van de geheime samenleving vertelde, van haar nederige begin in de tulpenvelden van Amsterdam tot haar rol van vandaag in het vormgeven van de loop van de menselijke geschiedenis. En terwijl hij luisterde, realiseerde hij zich de omvang van wat hij had gevonden - een waarheid die veel vreemder en wonderbaarlijker was dan wat hij zich had kunnen voorstellen.

Maar Hans wist dat hij niet alles kon onthullen - er waren enkele geheimen die verborgen moesten blijven, zelfs voor degenen die ze probeerden te ontdekken. En dus, met een laatste waarschuwing aan de vreemdeling om voorzichtig te zijn, nam hij afscheid en keek toe terwijl hij verdween in de drukke straten van Amsterdam.

Toen de zon onder de horizon zakte en de sterren fonkelden aan de hemel, keerde Hans terug naar zijn huisje, zijn hart zwaar van het gewicht van het geheim dat hij droeg. Maar hij voelde ook een gevoel van opluchting - een gevoel van hoop dat, met de hulp van de vreemdeling, hij eindelijk in staat zou zijn om het erfgoed van zijn familie voor generaties te beschermen.

The Tulip Seller's Secret

In the quaint town of Amsterdam, where narrow streets wound their way alongside picturesque canals, there lived a humble tulip seller named Hans. Hans was a simple man, with weathered hands and a kind smile, who spent his days tending to his beloved tulip garden and selling his colorful blooms to tourists and locals alike.

But beneath his genial exterior, Hans harbored a secret – a secret that had been passed down through generations of his family, a secret that he had sworn to protect at all costs.

It was a chilly autumn evening when a stranger arrived in Amsterdam, his eyes glinting with curiosity as he wandered the cobblestone streets. Hans spotted him from afar, his senses tingling with unease as he watched the man approach his humble stall.

"Good evening, sir," the stranger said with a polite nod. "I couldn't help but notice your beautiful tulips. Do you mind if I take a closer look?"

Hans hesitated for a moment, his hand instinctively reaching for the small pouch that hung from his belt – the pouch that contained the key to his family's secret. But then he reminded himself that the stranger was just a harmless tourist, with no inkling of the treasure that lay hidden beneath the surface of Hans's simple life.

"Of course, sir," Hans replied with a friendly smile. "Please, feel free to browse."

As the stranger perused the colorful array of tulips, his eyes fell upon a particularly rare specimen – a tulip with petals as dark as midnight and a fragrance that was both intoxicating and mysterious.

"This tulip is truly exquisite," the stranger remarked, his voice filled with admiration. "I've never seen anything quite like it."

Hans's heart skipped a beat as he watched the stranger reach out to touch the flower, his fingers lingering on its velvety petals. He knew that he had to act quickly to protect his family's secret, but he also knew that he couldn't risk drawing attention to himself in the crowded marketplace.

"Ah, yes, that tulip is a special breed," Hans said, his voice steady despite the turmoil raging inside him. "But it is not for sale, I'm afraid. It is a family heirloom, passed down through generations."

The stranger's eyebrows furrowed in disappointment, but he nodded understandingly. "I see. Well, thank you for sharing it with me, nonetheless."

With that, the stranger bid Hans farewell and disappeared into the throng of people, leaving Hans alone with his thoughts and his secret.

As night fell over Amsterdam, Hans made his way home to his modest cottage on the outskirts of town. But as he approached his front door, he noticed something out of the corner of his eye – a shadowy figure lurking in the shadows.

Instinctively, Hans reached for the pouch at his belt, his fingers closing around the cool metal of the key inside. He knew that he had to be cautious – whoever was lurking outside his cottage could be a threat to his family's legacy.

With a silent prayer, Hans unlocked the door and stepped inside, his senses on high alert. But to his surprise, the intruder did not follow him inside. Instead, they remained outside, watching and waiting in the darkness.

For hours, Hans sat in his cottage, his mind racing with thoughts of the stranger and his mysterious interest in the rare black tulip. He knew that he couldn't let anyone discover the truth – that the black tulip was not just a flower, but a key to unlocking a secret that could change the course of history.

But as dawn broke over Amsterdam and the first rays of sunlight peeked through the window, Hans made a decision. He would not hide from the truth any longer. He would confront the stranger and protect his family's legacy at all costs.

With determination in his heart, Hans set off into the town square, where he knew he would find the stranger. And sure enough, there he was, admiring the tulips once again with a look of longing in his eyes.

"Sir," Hans said, his voice steady despite the nerves that churned in his stomach. "I must ask you to leave Amsterdam at once. You have no business here."

The stranger turned to face Hans, his expression one of surprise and confusion. "I don't understand," he said. "What have I done to warrant such hostility?"

Hans took a deep breath, steeling himself for what he was about to reveal. "That black tulip you admired yesterday – it is more than just a flower," he said solemnly. "It is a key to a secret that has been hidden for centuries – a secret that could change the world as we know it."

The stranger's eyes widened in astonishment as he listened to Hans's words, his mind reeling with the implications of what he had just heard. "What kind of secret?" he asked, his voice barely above a whisper.

Hans hesitated for a moment, his gaze fixed on the stranger's face. But then he made a decision – a decision to trust this man with the truth, in the hope that he would understand the importance of protecting it.

"The black tulip is a symbol of a secret society that has existed since the dawn of time," Hans explained. "A society dedicated to preserving the balance of power in the world, to ensuring that no one person or group can wield too much influence over others."

The stranger listened intently as Hans recounted the history of the secret society, from its humble beginnings in the tulip fields of Amsterdam to its present-day role in shaping the course of human history. And as he listened, he realized the magnitude of what he had stumbled upon – a truth that was far stranger and more wondrous than anything he could have imagined.

But Hans knew that he couldn't reveal everything – there were some secrets that were meant to remain hidden, even from those who sought to uncover them. And so, with a final warning to the stranger to tread carefully, he bid him farewell and watched as he disappeared into the bustling streets of Amsterdam.

As the sun sank below the horizon and the stars twinkled overhead, Hans returned to his cottage, his heart heavy with the weight of the secret he carried. But he also felt a sense of relief – a sense of hope that, with the stranger's help, he might finally be able to protect his family's legacy for generations to come.

De Droom van de Windmolen

In een klein dorpje verscholen tussen de tulpenvelden van Nederland stond een oude windmolen. Zijn houten wieken kraakten en kreunden terwijl ze door de lucht sneden, dag en nacht onvermoeibaar draaiend. De dorpsbewoners schonken al lang niet veel aandacht meer aan de oude molen, namen zijn aanwezigheid voor lief terwijl ze hun dagelijkse leven leidden.

Maar de windmolen had een geheim - een droom die diep verborgen lag in zijn krakende tandwielen en stoffige hoeken, al zo lang als iemand zich kon herinneren. Hij droomde van vrijheid, van hoog boven de tulpenvelden zweven en de wind door zijn zeilen voelen razen, onbelemmerd door de ketenen van zijn bestaan.

Elke nacht, als de maan hoog aan de hemel stond en de sterren twinkelden, sloot de windmolen zijn ogen en liet hij zichzelf afdrijven naar een wereld van dromen. In deze dromen was hij geen simpel bouwwerk van hout en steen, maar een prachtig wezen van lucht en licht, dansend tussen de wolken en zingend met de stemmen van de wind.

Maar bij het aanbreken van de dag en de eerste zonnestralen die over de horizon kropen, ontwaakte de windmolen uit zijn mijmering en keerde hij terug naar zijn alledaagse bestaan, tarwe malend tot meel en zijn taken uitvoerend met een zwaar hart.

Op een nacht, terwijl de windmolen verloren lag in zijn dromen, fluisterde een stem door de duisternis - een stem vervuld van verlangen en verdriet. "Help me," smeekte de stem. "Ik zit gevangen, niet in staat om me te bevrijden van de ketenen die me vasthouden."

Verschrikt opende de windmolen zijn ogen en zocht naar de bron van de stem. En daar, staand voor hem in het maanlicht, stond een jonge vrouw met ogen zo blauw als de lucht en haar zo goud als de zon.

"Wie ben jij?" vroeg de windmolen, zijn stem trillend van nieuwsgierigheid.

"Ik ben Isabella," antwoordde de jonge vrouw. "En ik zit gevangen binnen de grenzen van mijn eigen leven, verlangend om vrij te breken en tussen de sterren te zweven."

De windmolen voelde een golf van sympathie voor Isabella, herkende in haar hetzelfde verlangen naar vrijheid dat zijn eigen dromen al zo lang achtervolgde. "Hoe kan ik je helpen?" vroeg hij, eager om een hand te bieden aan iemand die zijn eigen verlangens deelde.

Isabella glimlachte triest en strekte haar hand uit om de verweerde houten muren van de windmolen aan te raken. "Ik heb gehoord dat jij de kracht bezit om wensen te vervullen," zei ze. "Als dat waar is, dan wens ik niets meer dan vrij te zijn - om mijn vleugels uit te spreiden en ver weg te vliegen van deze plek."

De windmolen overwoog Isabella's woorden een moment, voelde het gewicht van haar verlangen op hem drukken als het gewicht van duizend korrels tarwe. En toen, met een ruisen van zijn wieken en een kraken van zijn tandwielen, nam hij een beslissing.

"Ik zal je helpen, Isabella," zei de windmolen, zijn stem vastberaden. "Maar eerst, moet jij mij helpen."

Isabella knikte enthousiast, haar ogen glinsterend van hoop. "Alles," zei ze. "Vertel me gewoon wat ik moet doen."

De windmolen legde Isabella zijn droom uit - de droom om los te breken uit zijn aardse banden en tussen de wolken te zweven. Hij vertelde haar over de magie die verborgen lag binnen zijn eeuwenoude muren, wachtend om ontketend te worden door iemand met een zuiver hart en een onverschrokken geest.

Isabella luisterde aandachtig naar de woorden van de windmolen, haar hart bonzend van opwinding bij het idee om hem te helpen zijn droom te verwezenlijken. En toen de windmolen was uitgesproken, strekte ze haar hand uit en legde die tegen zijn verweerde houten muren.

"Samen zullen we vliegen," zei ze, haar stem vervuld van vastberadenheid.

En zo begon, met Isabella's hulp, de windmolen de magie te wekken die sluimerde binnen zijn eeuwen

oude tandwielen. Hij voelde een golf van energie door zijn houten frame stromen, vervulde hem met een gevoel van kracht en doel dat hij nooit eerder had gekend.

Met een machtig gekraak begonnen de wieken van de windmolen sneller en sneller te draaien, vingen de wind en tilden hem hoog de lucht in. En terwijl hij boven de tulpenvelden zweefde, voelde hij een gevoel van opwinding zoals hij nog nooit eerder had ervaren - een gevoel van vrijheid dat zijn hart vervulde met vreugde.

Isabella keek van beneden toe, haar ogen glinsterend van trots terwijl de windmolen danste tussen de wolken, zijn houten muren gloeiend van een buitenaards licht. En terwijl ze toekeek, wist ze dat ze een zielsverwant had gevonden - een metgezel die haar verlangen naar vrijheid en haar geloof in de kracht van dromen deelde.

En zo, toen de zon hoog aan de hemel rees en de dorpsbewoners ontwaakten bij het zien van de windmolen die boven hen zweefde, wisten ze dat er iets magisch was gebeurd in hun midden. En hoewel ze de ware aard van de transformatie van de windmolen niet konden begrijpen, konden ze de magie in de lucht voelen - een magie geboren uit dromen en gevoed door de kracht van de menselijke geest.

The Windmill's Dream

In a small village nestled among the tulip fields of the Netherlands, there stood an old windmill. Its wooden blades creaked and groaned as they sliced through the air, spinning tirelessly day and night. The villagers had long since stopped paying much attention to the old mill, taking its presence for granted as they went about their daily lives.

But the windmill had a secret – a dream that had been hidden deep within its creaking gears and dusty corners for as long as anyone could remember. It dreamed of freedom, of soaring high above the tulip fields and feeling the wind rush through its sails, unfettered by the chains of its existence.

Every night, as the moon rose high in the sky and the stars twinkled overhead, the windmill would close its eyes and let itself drift into a world of dreams. In these dreams, it was not a mere structure of wood and stone, but a magnificent creature of air and light, dancing among the clouds and singing with the voices of the wind.

But as dawn broke and the first rays of sunlight crept over the horizon, the windmill would awaken from its reverie and return to its mundane existence, grinding wheat into flour and performing its duties with a heavy heart.

One night, as the windmill lay lost in its dreams, a voice whispered through the darkness – a voice filled with longing and sorrow. "Help me," the voice pleaded. "I am trapped, unable to break free from the chains that bind me."

Startled, the windmill opened its eyes and searched for the source of the voice. And there, standing before it in the moonlight, was a young woman with eyes as blue as the sky and hair as golden as the sun.

"Who are you?" the windmill asked, its voice trembling with curiosity.

"I am Isabella," the young woman replied. "And I am trapped within the confines of my own life, longing to break free and soar among the stars."

The windmill felt a pang of sympathy for Isabella, recognizing in her the same yearning for freedom that had haunted its own dreams for so long. "How can I help you?" it asked, eager to lend a hand to someone who shared its own desires.

Isabella smiled sadly and reached out to touch the windmill's weathered wooden walls. "I have heard that you possess the power to grant wishes," she said. "If that is true, then I wish for nothing more than to be free – to spread my wings and fly far away from this place."

The windmill pondered Isabella's words for a moment, feeling the weight of her longing pressing down upon it like the weight of a thousand grains of wheat. And then, with a rustle of its blades and a creak of its gears, it made a decision.

"I will help you, Isabella," the windmill said, its voice firm with determination. "But first, you must help me."

Isabella nodded eagerly, her eyes shining with hope. "Anything," she said. "Just tell me what I need to do."

The windmill explained its dream to Isabella – the dream of breaking free from its earthly bonds and soaring among the clouds. It told her of the magic that lay hidden within its ancient walls, waiting to be unleashed by someone with a pure heart and a fearless spirit.

Isabella listened intently to the windmill's words, her heart pounding with excitement at the thought of helping it achieve its dream. And when the windmill had finished speaking, she reached out her hand and placed it against its weathered wooden walls.

"Together, we will fly," she said, her voice filled with determination.

And so, with Isabella's help, the windmill began to awaken the magic that lay dormant within its ancient gears. It felt a surge of energy coursing through its wooden frame, filling it with a sense of power and purpose that it had never known before.

With a mighty groan, the windmill's blades began to spin faster and faster, catching the wind and lifting it high into the air. And as it soared above the tulip fields, it felt a sense of exhilaration unlike anything it had ever experienced before – a sense of freedom that filled its heart with joy. Isabella watched from below, her eyes shining with pride as the windmill danced among the clouds, its wooden walls glowing with an otherworldly light. And as she watched, she knew that she had found a kindred spirit – a companion who shared her longing for freedom and her belief in the power of dreams.

And so, as the sun rose high in the sky and the villagers awoke to the sight of the windmill soaring above them, they knew that something magical had happened in their midst. And though they could not understand the true nature of the windmill's transformation, they could feel the magic in the air – a magic born of dreams and fueled by the power of the human spirit.

De Tulp Roadtrip

In het hart van Nederland, waar windmolens het landschap sierden en tulpenvelden zich zo ver uitstrekten als het oog kon zien, woonde een jonge man genaamd Jeroen. Jeroen was een vrije geest, met een liefde voor avontuur die fel brandde in zijn ziel.

Op een zonnige ochtend, terwijl Jeroen op de stoep van de boerderij van zijn familie zat, starend naar de eindeloze velden van kleurrijke tulpen, voelde hij plotseling de drang om de weg op te gaan en te zien waar het leven hem zou brengen. En dus, zonder er een moment over na te denken, pakte hij een kleine tas in, bond die achterop zijn fiets en ging op weg naar het onbekende.

Terwijl hij door de smalle landweggetjes trapte, de wind aan zijn haar trok en de zon zijn huid verwarmde, voelde Jeroen een gevoel van opwinding zoals hij nog nooit eerder had ervaren. Hij was vrij - vrij om te zwerven waar de wind hem ook maar mee naartoe zou nemen, vrij om de verborgen hoekjes van zijn vaderland en daarbuiten te verkennen.

Zijn eerste stop was een slaperig dorpje verscholen in de heuvels, waar hij een levendige markt ontdekte vol met verkopers die verse producten, handgemaakte ambachten en natuurlijk levendige tulpen in alle kleuren van de regenboog verkochten. Jeroen dwaalde door de markt, zijn ogen wijd open van verwondering terwijl hij de bezienswaardigheden en geluiden van de drukke menigte in zich opnam.

Maar het duurde niet lang voordat Jeroen's reislust het won van hem, en hij bevond zich weer op de weg, steeds verder peddelend naar de horizon. Hij passeerde pittoreske stadjes en schilderachtig platteland, af en toe pauzerend om een veld vol bloeiende tulpen te bewonderen of om te kletsen met een vriendelijke boer die voor zijn gewassen zorgde.

Naarmate de dagen in weken veranderden en de weken in maanden, bracht Jeroen's reis hem steeds verder van huis. Hij stak rivieren en bergen over, doorkruiste bossen en valleien, en ontmoette mensen van elke vorm, grootte en kleur onderweg.

Maar waar hij ook ging of wie hij ook ontmoette, één ding bleef constant - de schoonheid en verwondering van de wereld om hem heen. Van de imposante kathedralen van oude steden tot de serene schoonheid van afgelegen platteland, Jeroen verbaasde zich over de diversiteit en rijkdom van het leven dat hem op elke hoek omringde.

En door dit alles droeg hij de herinnering aan de tulpenvelden van zijn thuisland met zich mee - een herinnering aan de eenvoudige geneugten die hem wachtten bij zijn terugkeer. Want hoe ver hij ook zwierf of hoeveel avonturen hij ook ondernam, Jeroen wist dat er geen plek was zoals thuis.

En dus, terwijl de zon onderging aan weer een dag vol avontuur en ontdekking, vond Jeroen een rustige plek om zijn vermoeide botten te laten rusten, omhoog kijkend naar de sterrenhemel en dromend van de tulpenvelden van Nederland.

The Tulip Road Trip

In the heart of the Netherlands, where windmills dotted the landscape and tulip fields stretched as far as the eye could see, there lived a young man named Jeroen. Jeroen was a free spirit, with a love for adventure that burned bright within his soul.

One sunny morning, as Jeroen sat on the steps of his family's farmhouse, gazing out at the endless fields of colorful tulips, he felt a sudden urge to hit the road and see where life would take him. And so, without a second thought, he packed a small bag, strapped it to the back of his bicycle, and set off into the unknown.

As he pedaled down the narrow country roads, the wind tugging at his hair and the sun warming his skin, Jeroen felt a sense of exhilaration unlike anything he had ever experienced before. He was free – free to roam wherever the wind might take him, free to explore the hidden corners of his homeland and beyond.

His first stop was a sleepy village nestled in the hills, where he stumbled upon a bustling market filled with vendors selling fresh produce, handmade crafts, and, of course, vibrant tulips in every color of the rainbow. Jeroen wandered through the market, his eyes wide with wonder as he took in the sights and sounds of the bustling crowd.

But it was not long before Jeroen's wanderlust got the better of him, and he found himself back on the road, pedaling ever onward towards the horizon. He passed through quaint towns and picturesque countryside, pausing occasionally to admire a field of blooming tulips or to chat with a friendly farmer tending to his crops.

As the days turned into weeks and the weeks turned into months, Jeroen's journey took him farther and farther from home. He crossed rivers and mountains, traversed forests and valleys, and encountered people of every shape, size, and color along the way.

But no matter where he went or who he met, one thing remained constant – the beauty and wonder of the world around him. From the towering cathedrals of ancient cities to the serene beauty of remote countryside, Jeroen marveled at the diversity and richness of life that surrounded him at every turn.

And through it all, he carried with him the memory of the tulip fields of his homeland – a reminder of the simple pleasures that awaited him upon his return. For no matter how far he roamed or how many adventures he embarked upon, Jeroen knew that there was no place like home.

And so, as the sun set on another day of adventure and discovery, Jeroen would find a quiet spot to rest his weary bones, gazing up at the stars overhead and dreaming of the tulip fields of the Netherlands.

De Tulpenschilderes

In een schilderachtig dorpje, verscholen te midden van de tulpenvelden van Nederland, woonde een jonge vrouw genaamd Anneliese. Anneliese had een passie voor schilderen, en haar favoriete onderwerp waren de levendige tulpen die bloeiden in de velden rondom haar huis.

Van jongs af aan was Anneliese gefascineerd door de schoonheid van de tulpen - hun felle kleuren, hun gracieuze bloemblaadjes, en hun zoete, bedwelmende geur. Ze zou urenlang door de velden dwalen, met haar schildersezel en verf in de hand, de essentie van de bloemen vastleggend op doek met elke penseelstreek.

Maar ondanks haar talent leken de schilderijen van Anneliese nooit de ware schoonheid van de tulpen vast te leggen. Hoe hard ze ook probeerde, ze kon nooit helemaal de levendige tinten of de delicate textuur van de bloemblaadjes vatten - het was alsof de bloemen een magie bezaten die niet gereproduceerd kon worden op doek.

Op een dag, terwijl Anneliese door de velden zwierf op zoek naar inspiratie, struikelde ze over een plek met tulpen zoals ze nog nooit eerder had gezien. Hun kleuren waren levendiger, hun bloemblaadjes delicater, hun geur bedwelmender dan enige andere bloemen die ze was tegengekomen.

Anneliese's hart sloeg over toen ze naar de bloemen keek, haar vingers jeuken om hun schoonheid op doek vast te leggen. Met trillende handen zette ze haar schildersezel op en begon te schilderen, zichzelf verliezend in de kleuren en vormen van de bloemen terwijl ze dansten in de wind.

Uren gingen voorbij terwijl Anneliese werkte, haar penseel snel bewegend over het doek terwijl ze probeerde de magie van de tulpen voor haar vast te leggen. Maar hoe hard ze ook probeerde, het leek haar niet te lukken - het was alsof hun schoonheid de beperkingen van verf en doek oversteeg.

Frustratie overheerste Anneliese, ze legde haar penseel neer en zakte op de grond, haar hart zwaar van teleurstelling. "Waarom kan ik jullie niet schilderen?" fluisterde ze naar de tulpen, haar stem gevuld met verlangen. Maar toen, tot haar verbazing, hoorde ze een zachte stem antwoorden. "Omdat we niet bedoeld zijn om gevangen te worden," zei de stem, zacht maar vastberaden. "We zijn bedoeld om bewonderd, gekoesterd, en vrij te bloeien in de wereld."

Verbaasd keek Anneliese om zich heen om te zien waar de stem vandaan kwam, maar er was niemand anders te zien. Verward draaide ze zich terug naar de tulpen, haar hart bonzend van nieuwsgierigheid.

"Wie zijn jullie?" vroeg ze, haar stem nauwelijks boven een fluistering.

"Wij zijn de hoeders van de tulpen," antwoordde de stem. "We hebben generaties lang over ze gewaakt, ervoor zorgend dat hun schoonheid ongetemd en vrij blijft."

Anneliese luisterde in ontzag naar de stem terwijl die haar het verhaal van de tulpen vertelde - hoe ze naar Nederland waren gebracht uit verre landen, hoe ze bloeiden in de vruchtbare grond en het milde klimaat, en hoe ze het symbool waren geworden van de schoonheid en vitaliteit van het Nederlandse platteland.

"En wat van mijn schilderijen?" vroeg Anneliese, haar stem bevend van onzekerheid. "Zal ik ooit in staat zijn om de ware schoonheid van de tulpen op doek vast te leggen?"

Een moment bleef het stil, alsof de stem haar vraag overwoog. Toen, met een zachte zucht, sprak het opnieuw. "Misschien heb je op de verkeerde plek gezocht," zei het. "De ware schoonheid van de tulpen ligt niet in hun uiterlijk, maar in de gevoelens die ze oproepen - het gevoel van verwondering, de waardering voor de natuurlijke wereld, de vreugde van het creëren."

Anneliese peinsde over de woorden van de stem, een gevoel van helderheid over zich heen voelend spoelen. Misschien had ze te veel gefocust op het vastleggen van de fysieke schoonheid van de tulpen, terwijl het echte belang lag bij de emotie die ze in haar opriepen.

Met hernieuwde vastberadenheid pakte Anneliese haar penseel op en begon opnieuw te schilderen. Maar deze keer, in plaats van te proberen de kleuren en vormen van de tulpen te repliceren, schilderde ze wat ze voelde - het gevoel van ontzag en verwondering dat haar hart vervulde terwijl ze naar de bloemen keek, de vreugde en dankbaarheid die door haar aderen stroomde met elke penseelstreek.

En terwijl ze schilderde, voelde ze een gevoel van vrede over haar komen, alsof ze eindelijk haar ware roeping als kunstenaar had gevonden. Want Anneliese wist dat ware schoonheid nooit gevangen of ingeperkt kon worden - het kon alleen gevoeld, ervaren, en gedeeld worden met de wereld.

The Tulip Painter

In a quaint village nestled amidst the tulip fields of the Netherlands, there lived a young woman named Anneliese. Anneliese had a passion for painting, and her favorite subject was the vibrant tulips that bloomed in the fields surrounding her home.

From an early age, Anneliese had been captivated by the beauty of the tulips – their bold colors, their graceful petals, and their sweet, intoxicating scent. She would spend hours wandering through the fields, her easel and paints in hand, capturing the essence of the flowers on canvas with every stroke of her brush.

But despite her talent, Anneliese's paintings never seemed to capture the true beauty of the tulips. No matter how hard she tried, she could never quite capture the vivid hues or the delicate texture of the petals – it was as if the flowers possessed a magic that could not be replicated on canvas.

One day, as Anneliese was wandering through the fields in search of inspiration, she stumbled upon a patch of tulips unlike any she had ever seen before. Their colors were more vibrant, their petals more delicate, their fragrance more intoxicating than any other flowers she had encountered.

Anneliese's heart skipped a beat as she gazed upon the flowers, her fingers itching to capture their beauty on canvas. With trembling hands, she set up her easel and began to paint, losing herself in the colors and shapes of the flowers as they danced in the breeze.

Hours passed as Anneliese worked, her brush moving swiftly across the canvas as she attempted to capture the magic of the tulips before her. But no matter how hard she tried, she couldn't seem to do them justice – it was as if their beauty transcended the limitations of paint and canvas.

Frustrated, Anneliese set her brush aside and sank to the ground, her heart heavy with disappointment. "Why can't I paint you?" she whispered to the tulips, her voice filled with longing.

But then, to her astonishment, she heard a soft voice reply. "Because we are not meant to be captured," the voice said, its tone gentle yet firm. "We are meant to be admired, cherished, and allowed to flourish in the world."

Startled, Anneliese looked around to see where the voice was coming from, but there was no one else in sight. Confused, she turned back to the tulips, her heart pounding with curiosity.

"Who are you?" she asked, her voice barely above a whisper.

"We are the guardians of the tulips," the voice replied. "We have watched over them for generations, ensuring that their beauty remains untamed and free."

Anneliese listened in awe as the voice told her the story of the tulips – how they had been brought to the Netherlands from distant lands, how they had flourished in the fertile soil and mild climate, and how they had come to symbolize the beauty and vitality of the Dutch countryside.

"And what of my paintings?" Anneliese asked, her voice trembling with uncertainty. "Will I ever be able to capture the true beauty of the tulips on canvas?"

The voice was silent for a moment, as if considering her question. Then, with a soft sigh, it spoke again. "Perhaps you have been looking in the wrong place," it said. "The true beauty of the tulips lies not in their appearance, but in the feelings they inspire – the sense of wonder, the appreciation for the natural world, the joy of creation."

Anneliese pondered the voice's words for a moment, feeling a sense of clarity wash over her. Perhaps she had been too focused on capturing the physical beauty of the tulips, when what truly mattered was the emotion they evoked within her.

With renewed determination, Anneliese picked up her brush and began to paint once more. But this time, instead of trying to replicate the colors and shapes of the tulips, she painted what she felt – the sense of awe and wonder that filled her heart as she gazed upon the flowers, the joy and gratitude that flowed through her veins with every stroke of her brush. And as she painted, she felt a sense of peace wash over her, as if she had finally found her true calling as an artist. For Anneliese knew that true beauty could never be captured or contained – it could only be felt, experienced, and shared with the world.

Het Geheim van de Chocolade Windmolen

Eens, in een klein dorpje in Nederland, stond er een chocolade windmolen. Dit was niet zomaar een gewone windmolen - hij was volledig gemaakt van chocolade, van zijn hoge bladen tot zijn stevige basis. En het was ook niet alleen voor de show; het was een werkende windmolen die de heerlijkste chocolade van het hele land produceerde.

De chocolade windmolen was eigendom van meneer Willem, een vrolijke man met een twinkeling in zijn ogen en een passie voor chocolade die geen grenzen kende. Elke dag maalde hij cacaobonen tot poeder, mengde ze met suiker en melk, en goot de gesmolten chocolade in vormen om repen, truffels en andere heerlijke lekkernijen te maken.

Maar wat de chocolade van meneer Willem echt bijzonder maakte, was een geheim ingrediënt - een zeldzame specerij die hij vele jaren geleden op zijn reizen had ontdekt. Er werd gezegd dat deze specerij de chocolade zijn rijke smaak en fluweelzachte textuur gaf, waardoor het de meest begeerde delicatesse in het hele koninkrijk was.

Nu was meneer Willem een gulle man, maar hij beschermde ook fel zijn geheime recept. Hij had gezworen het aan niemand te onthullen, zelfs niet aan zijn naaste vrienden of familieleden. En dus bewaakte hij het geheim van de chocolade windmolen met zijn leven, ervoor zorgend dat niemand anders ooit in staat zou zijn om zijn magie te repliceren.

Op een dag, toen meneer Willem druk bezig was met zijn chocolade windmolen, hoorde hij een klop op de deur. Nieuwsgierig veegde hij zijn handen af aan zijn schort en ging kijken, om een vreemdeling op zijn stoep te vinden - een lange man met een sinistere glans in zijn ogen.

"Goedendag, meneer," zei de man met een sluwe glimlach. "Ik kon het niet helpen uw chocolade windmolen van veraf op te merken. Ik vroeg me af of u bereid zou zijn uw geheime recept met mij te delen."

Meneer Willem's hart sloeg een slag over toen hij de man in de ogen keek en gevaar bespeurde onder zijn beleefde houding. "Het spijt me, maar ik kan u niet helpen," antwoordde hij vastberaden. "Het geheim van de chocolade windmolen is alleen van mij, en ik zal het nooit aan iemand verraden."

Maar de vreemdeling liet zich niet zo makkelijk afschepen. Met een snelle beweging haalde hij een zak gouden munten tevoorschijn uit zijn jas, die hij aan meneer Willem aanbood in ruil voor het recept.

"Zeker, meneer, u zou zo'n genereus aanbod niet afslaan," zei de vreemdeling overtuigend. "Denk aan al het goede dat u met dit geld zou kunnen doen - u zou uw bedrijf kunnen uitbreiden, meer werknemers kunnen aannemen, en nog meer heerlijke chocolade kunnen produceren waar het volk van kan genieten."

Meneer Willem's hand zweefde boven de zak gouden munten, verleid door de belofte van rijkdom en succes. Maar toen herinnerde hij zich zijn belofte om het geheim van de chocolade windmolen koste wat kost te beschermen, en zijn vastberadenheid verhardde.

"Ik waardeer uw aanbod, maar ik moet weigeren," zei hij resoluut, terwijl hij de zak gouden munten wegschoof. "Het geheim van de chocolade windmolen is niet te koop - het is een deel van mij, een deel van mijn erfgoed, en ik zal het nooit verraden."

De ogen van de vreemdeling flitsten van woede toen hij besefte dat meneer Willem niet te vermurwen was. Met een gevloekte vloek draaide hij zich om en stormde weg in de verte, meneer Willem alleen latend met zijn gedachten.

Maar meneer Willem wist niet dat de vreemdeling niet zo makkelijk zou opgeven. Hij had geruchten gehoord over het geheime ingrediënt van de chocolade windmolen, en hij was vastbesloten om het te achterhalen, koste wat kost - zelfs als dat betekende dat hij zijn toevlucht moest nemen tot oneerlijke tactieken.

En dus, onder de dekmantel van de duisternis, sloop de vreemdeling terug naar de chocolade windmolen, zijn hart vervuld van hebzucht en kwaadaardigheid. Hij wist dat meneer Willem zijn geheime recept nooit vrijwillig zou onthullen, dus bedacht hij een plan om het in plaats daarvan te stelen.

Met behulp van een set lockpicks die hij had verkregen tijdens zijn reizen, brak de vreemdeling in de voorraadkamer van de windmolen en begon te zoeken naar de ongrijpbare specerij die de chocolade van meneer Willem zijn unieke smaak gaf. Hij doorzocht zakken cacaobonen, vaten suiker en potten vanille-extract, maar hoe hij ook probeerde, hij kon het geheime ingrediënt nergens vinden.

Gefrustreerd was de vreemdeling bijna op het punt om het op te geven en met lege handen te vertrekken toen hij een kleine houten doos zag liggen, verstopt in de hoek van de kamer. Met trillende handen opende hij de doos en hij gaspte van verbazing bij wat hij binnenin vond - een flesje glinsterende vloeistof, gelabeld met één woord: "Ambrosia."

Zonder een tweede gedachte stopte de vreemdeling het flesje in zijn zak en vluchtte weg van de chocolade windmolen, zijn hart bonzend van opwinding bij de gedachte eindelijk het geheime recept van meneer Willem te onthullen. Maar wat hij niet wist, was dat het flesje niet een specerij bevatte, maar een dodelijk gif - een gif dat zijn ondergang zou betekenen.

De volgende dag, terwijl meneer Willem druk bezig was met het voorbereiden van een nieuwe lading chocolade in zijn windmolen, ontving hij bezoek van de dorpsdokter, die somber nieuws bracht. De vreemdeling die had geprobeerd zijn geheime recept te stelen, was dood in zijn bed gevonden, het slachtoffer van een mysterieus gif dat zijn leven had geëist in het holst van de nacht.

Meneer Willem's hart zonk toen hij naar het verhaal van de dokter luisterde, zich realiserend met afgrijzen dat zijn geheim was blootgesteld. Maar toen, tot zijn opluchting, onthulde de dokter dat het gif was teruggeleid naar het flesje Ambrosia dat in het bezit van de vreemdeling was gevonden.

Met een gevoel van dankbaarheid en opluchting bedankte meneer Willem de dokter voor zijn hulp en keerde terug naar zijn chocolade windmolen, vastbesloten om zijn geheime recept meer dan ooit te beschermen tegen de verkeerde handen. En terwijl hij werkte, fluisterde hij een stille dankgebed naar de mysterieuze kracht die had ingegrepen om hem te redden van de ondergang - een kracht die sommigen het lot zouden noemen, en anderen magie.

The Secret of the Chocolate Windmill

Once upon a time, in a small village in the Netherlands, there stood a chocolate windmill. Now, this wasn't just any ordinary windmill – it was made entirely out of chocolate, from its tall blades to its sturdy base. And it wasn't just for show either; it was a working windmill that produced the most delicious chocolate in all the land.

The chocolate windmill was owned by Mr. Willem, a jolly man with a twinkle in his eye and a passion for chocolate that knew no bounds. Every day, he would grind cocoa beans into powder, mix them with sugar and milk, and pour the molten chocolate into molds to create bars, truffles, and other delectable treats.

But what made Mr. Willem's chocolate truly special was a secret ingredient – a rare spice that he had discovered on his travels many years ago. It was said that this spice gave the chocolate its rich flavor and velvety texture, making it the most sought-after delicacy in the entire kingdom.

Now, Mr. Willem was a generous man, but he was also fiercely protective of his secret recipe. He had sworn never to reveal it to anyone, not even his closest friends or family members. And so, he guarded the secret of the chocolate windmill with his life, ensuring that no one else would ever be able to replicate its magic.

One day, as Mr. Willem was busy tending to his chocolate windmill, he heard a knock on the door. Curious, he wiped his hands on his apron and went to answer it, only to find a stranger standing on his doorstep – a tall man with a sinister gleam in his eye.

"Good day, sir," the man said with a sly smile. "I couldn't help but notice your chocolate windmill from afar. I was wondering if you might be willing to share your secret recipe with me."

Mr. Willem's heart skipped a beat as he looked into the man's eyes, sensing danger lurking beneath his polite demeanor. "I'm sorry, but I cannot help you," he replied firmly. "The secret of the chocolate windmill is mine alone, and I will never divulge it to anyone."

But the stranger was not so easily deterred. With a swift motion, he reached into his coat pocket and produced a bag of gold coins, which he offered to Mr. Willem in exchange for the recipe.

"Surely, sir, you wouldn't turn down such a generous offer," the stranger said persuasively. "Think of all the good you could do with this money – you could expand your business, hire more workers, and produce even more delicious chocolate for the people to enjoy."

Mr. Willem's hand hovered over the bag of gold coins, tempted by the promise of wealth and success. But then, he remembered his promise to protect the secret of the chocolate windmill at all costs, and his resolve hardened.

"I appreciate your offer, but I must decline," he said firmly, pushing the bag of gold coins away. "The secret of the chocolate windmill is not for sale – it is a part of me, a part of my heritage, and I will never betray it."

The stranger's eyes flashed with anger as he realized that Mr. Willem would not be swayed. With a muttered curse, he turned on his heel and stormed off into the distance, leaving Mr. Willem alone with his thoughts.

But little did Mr. Willem know that the stranger was not about to give up so easily. He had heard rumors of the chocolate windmill's secret ingredient, and he was determined to uncover it at any cost – even if it meant resorting to underhanded tactics.

And so, under the cover of darkness, the stranger crept back to the chocolate windmill, his heart filled with greed and malice. He knew that Mr. Willem would never willingly reveal his secret recipe, so he devised a plan to steal it instead.

Using a set of lockpicks he had acquired in his travels, the stranger broke into the windmill's storeroom and began to search for the elusive spice that gave Mr. Willem's chocolate its unique flavor. He rummaged through sacks of cocoa beans, barrels of sugar, and jars of vanilla extract, but try as he might, he could not find the secret ingredient anywhere.

Frustrated, the stranger was about to give up and leave empty-handed when he spotted a small wooden box hidden away in the corner of the room. With trembling hands, he opened the box and gasped in astonishment at what he found inside – a vial of shimmering golden liquid, labeled with a single word: "Ambrosia."

Without a second thought, the stranger pocketed the vial and fled from the chocolate windmill, his heart pounding with excitement at the thought of finally uncovering Mr. Willem's secret recipe. Little did he know that the vial contained not a spice, but a deadly poison – a poison that would bring about his downfall.

The next day, as Mr. Willem was busy preparing another batch of chocolate in his windmill, he received a visit from the village doctor, who bore grim news. The stranger who had tried to steal his secret recipe had been found dead in his bed, the victim of a mysterious poison that had claimed his life in the dead of night.

Mr. Willem's heart sank as he listened to the doctor's tale, realizing with horror that his secret had been exposed. But then, to his relief, the doctor revealed that the poison had been traced back to the vial of Ambrosia found in the stranger's possession.

With a sense of gratitude and relief, Mr. Willem thanked the doctor for his help and returned to his chocolate windmill, more determined than ever to protect his secret recipe from falling into the wrong hands. And as he worked, he whispered a silent prayer of thanks to the mysterious force that had intervened to save him from disaster – a force that some might call fate, and others might call magic.

De Bakkerij van Dromen

In een charmant stadje in het hart van Nederland was er een bakkerij zoals geen ander. Het heette "De Zoete Droom". De bakkerij stond bekend om zijn verrukkelijke gebakjes, tongstrelende taarten en, het belangrijkst, zijn magische brood.

De eigenaar van De Zoete Droom was een vrouw genaamd Anna. Anna was niet zomaar een gewone bakker - ze had een speciaal talent. Elk brood dat ze bakte was doordrenkt met een vleugje magie, in staat om de diepste verlangens van degenen die het aten te vervullen.

Maar Anna's gave had een prijs. Ze moest voorzichtig zijn bij het bakken van haar magische brood, want als ze te veel magie gebruikte, konden de gevolgen ernstig zijn. En dus bakte ze haar magische brood alleen bij zeldzame gelegenheden, wanneer ze voelde dat iemand wanhopig hulp nodig had.

Op een dag liep een jong meisje genaamd Eva De Zoete Droom binnen, haar ogen wijd van verwondering terwijl ze de aanblik en geuren van de bakkerij in zich opnam. Ze had verhalen gehoord over Anna's magische brood en was gekomen om te zien of ze waar waren.

Anna begroette Eva met een warme glimlach en nodigde haar uit om wat lekkernijen van de bakkerij te proeven. Terwijl Eva in een boterachtige croissant beet, kon ze niet anders dan een gevoel van vrede en tevredenheid voelen. Het was alsof al haar zorgen en problemen waren weggesmolten bij elke heerlijke hap.

"Is het waar dat jouw brood magisch is?" vroeg Eva, haar stem vervuld van nieuwsgierigheid.

Anna glimlachte zachtjes en knikte. "Inderdaad, mijn beste," antwoordde ze. "Maar het moet niet licht worden opgevat. Mijn magische brood heeft de kracht om wensen te vervullen, maar alleen aan degenen die het echt nodig hebben."

De ogen van Eva werden groot van opwinding bij de gedachte haar diepste verlangens vervuld te zien. "Ik wou dat ik een pony had," zei ze enthousiast. "Een prachtige pony waarop ik door de velden en bossen kon rijden, net zoals in de boeken die ik heb gelezen."

Anna glimlachte om de onschuld van Eva maar schudde zachtjes haar hoofd. "Ik vrees dat dat niet helemaal werkt, mijn beste," legde ze uit. "Mijn magische brood kan alleen wensen vervullen die uit het hart komen - wensen die puur en oprecht zijn."

Eva fronste teleurgesteld, maar toen herinnerde ze zich iets - haar grootmoeder, die ziek was geworden en wanhopig behoefte had aan genezing. Met een hernieuwd gevoel van vastberadenheid draaide ze zich naar Anna en deed haar wens.

"Ik wens dat mijn grootmoeder genezen wordt," zei Eva, haar stem trillend van emotie. "Ik wens dat ze weer gezond en gelukkig wordt, zodat we nog vele jaren samen kunnen doorbrengen."

Anna's hart zwol van bewondering voor Eva's onzelfzuchtigheid. Ze kon de diepte van liefde en toewijding voelen in de wens van het jonge meisje, en ze wist dat het een was die ze kon vervullen met haar magische brood. En dus, zonder aarzeling, begon Anna te werken aan het bakken van een brood doordrenkt met de krachtigste magie die ze bezat. Ze kneedde het deeg met zorg, fluisterend woorden van genezing en hoop terwijl ze werkte, en toen het brood eindelijk klaar was, legde ze het met een plechtige uitdrukking in de handen van Eva.

"Breng dit brood naar je grootmoeder," zei Anna zachtjes. "En zeg haar dat ze het met heel haar hart moet eten. Als haar wens puur en oprecht is, dan zal ze genezen worden."

Eva knikte, haar ogen glinsterend van dankbaarheid, en ze haastte zich naar huis, naar de zijde van haar grootmoeder. Met trillende handen bood ze haar grootmoeder een plakje van het magische brood aan, waarbij ze alles uitlegde wat er in de bakkerij was gebeurd.

Haar grootmoeder glimlachte zwakjes en nam een hap van het brood, de smaak savourerend terwijl het haar vervulde met warmte en troost. En toen, tot Eva's verbazing, voelde ze een golf van energie door haar aderen stromen, waardoor de ziekte die haar al zo lang had geplaagd verdween en ze zich sterker en gezonder voelde dan ze in jaren had gedaan.

Tranen van vreugde vulden Eva's ogen toen ze haar grootmoeder omhelsde, wetende dat haar wens was vervuld dankzij de magie van Anna's brood. En terwijl ze samen zaten in de warmte van hun huis, omringd door de geur van versgebakken brood, wisten ze dat ze voor altijd dankbaar zouden zijn voor de goedhartige bakker die hun leven had veranderd met een enkel brood.

The Bakery of Dreams

In a charming town in the heart of the Netherlands, there was a bakery unlike any other. It was called "De Zoete Droom" which means "The Sweet Dream" in Dutch. The bakery was known far and wide for its delectable pastries, mouthwatering cakes, and, most importantly, its magical bread.

The owner of De Zoete Droom was a woman named Anna. Anna was not just an ordinary baker – she had a special gift. Every loaf of bread she baked was infused with a touch of magic, capable of granting the deepest desires of those who ate it.

But Anna's gift came with a price. She had to be careful when baking her magical bread, for if she used too much magic, it could have dire consequences. And so, she only baked her magical bread on rare occasions, when she sensed that someone was in desperate need of help.

One day, a young girl named Eva wandered into De Zoete Droom, her eyes wide with wonder as she took in the sights and smells of the bakery. She had heard tales of Anna's magical bread and had come to see if they were true.

Anna greeted Eva with a warm smile and invited her to sample some of the bakery's delights. As Eva bit into a buttery croissant, she couldn't help but feel a sense of peace and contentment wash over her. It was as if all her worries and troubles had melted away with each delicious bite.

"Is it true that your bread is magical?" Eva asked, her voice filled with curiosity.

Anna chuckled softly and nodded. "Indeed it is, my dear," she replied. "But it is not to be taken lightly. My magical bread has the power to grant wishes, but only to those who truly need it."

Eva's eyes widened with excitement at the thought of having her deepest desires fulfilled. "I wish I could have a pony," she said eagerly. "A beautiful pony that I could ride through the fields and forests, just like the ones I've read about in books."

Anna smiled at Eva's innocence but shook her head gently. "I'm afraid that's not quite how it works, my dear," she explained. "My magical bread can only grant wishes that come from the heart – wishes that are pure and true."

Eva frowned in disappointment, but then she remembered something – her grandmother, who had fallen ill and was in desperate need of healing. With a newfound sense of determination, she turned to Anna and made her wish.

"I wish for my grandmother to be healed," Eva said, her voice trembling with emotion. "I wish for her to be healthy and happy once again, so that we can spend many more years together."

Anna's heart swelled with admiration for Eva's selflessness. She could sense the depth of love and devotion in the young girl's wish, and she knew that it was one that she could grant with her magical bread.

And so, without hesitation, Anna set to work baking a loaf of bread infused with the most powerful magic she possessed. She kneaded the dough with care, whispering words of healing and hope as she worked, and when the bread was finally ready, she placed it in Eva's hands with a solemn expression.

"Take this bread to your grandmother," Anna said softly. "And tell her to eat it with all her heart. If her wish is pure and true, then she will be healed."

Eva nodded, her eyes shining with gratitude, and she hurried home to her grandmother's side. With trembling hands, she offered her grandmother a slice of the magical bread, explaining everything that had happened at the bakery.

Her grandmother smiled weakly and took a bite of the bread, savoring the taste as it filled her with warmth and comfort. And then, to Eva's astonishment, she felt a surge of energy coursing through her veins, banishing the illness that had plagued her for so long and leaving her feeling stronger and healthier than she had in years.

Tears of joy filled Eva's eyes as she embraced her grandmother, knowing that her wish had been granted thanks to the magic of Anna's bread. And as they sat together in the warmth of their home, surrounded by the scent of freshly baked bread, they knew that they would forever be grateful to the kind-hearted baker who had changed their lives with a single loaf of bread.